Der Tintenfisch

Bianka Langnickel
Monika Ehrhardt-Lakomy

KLAPPE 1:
Grundanleitung, Materialien
Tipps und Tricks
KLAPPE 2:
Das Seegras
Der Fächer
Das Kleeblatt
KLAPPE 3:
Die Hexentreppe
Der Kringel
Kringelvariationen
KLAPPE 4:
Der Goldfisch
KLAPPE 5:
Der Brief
Das Herz
KLAPPE 6:
Die Wasserlilie
KLAPPE 7:
Die Krabbe
KLAPPE 8:
Der Nautilus
KLAPPE 9:
Der Tintenfisch:
Faltung
KLAPPE 10:
Der Tintenfisch:
Auge und Mund

Lege nun die drei Quadrate am Bruch ineinander, wobei das kleinste innen liegt.

lle 4
en
in.

Vorgang 5
en Ecken.

nd das 6
des zur
fertig!

Papiergröße:
frei wählbar

DER MUND

Eine andere schöne und pfiffige Form eines Mundes lässt sich aus dem Samuraihut (Schritt 7 des Goldfischs) kreieren, indem man einfach die Seiten mit einem Stift nach oben einrollt, um ein freundliches Lächeln zu erzeugen.

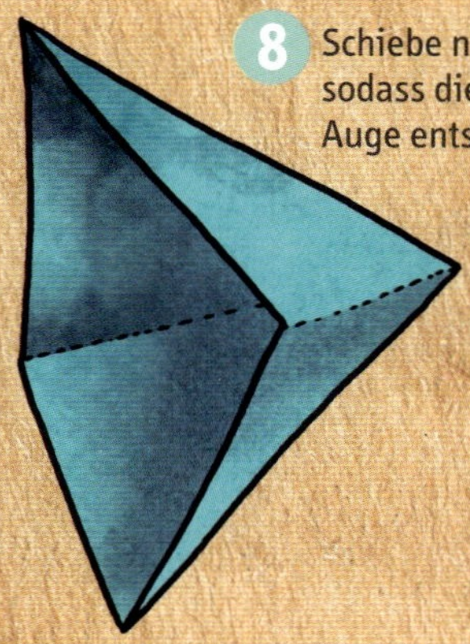

8 Schiebe nun die Ebenen auseinander, sodass die Grundform für das Auge entsteht.

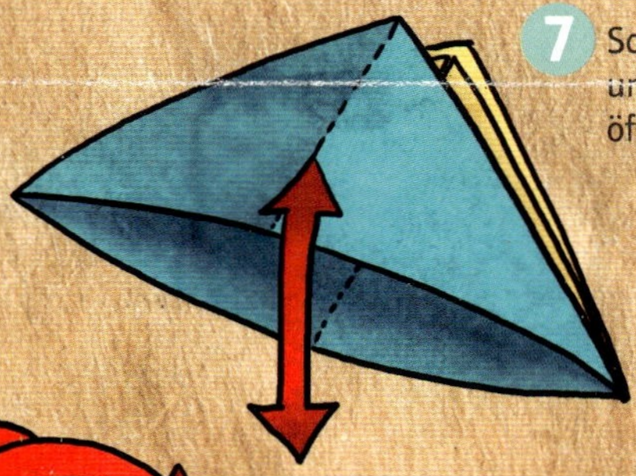

7 Schlage auch die übrig gebliebene untere Klappe nach oben und öffne das Modell.

6 Wende das Modell.

15 Das Auge ist fertig!

5 So sieht das Ergebnis von Faltschritt vier aus.

befinden sich jetzt zwei Klappen.
davon die obere zur oberen Ecke.

14 Klebe nun die Pupille auf.

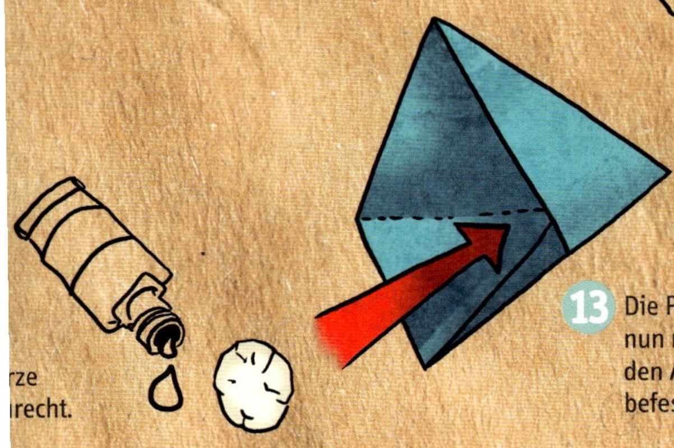

13 Die Papierkugeln musst du nun mit ein wenig Klebstoff in den Augengrundformen befestigen.

rze
recht.

Die Autorinnen

Die Autorin BIANKA LANGNICKEL, 1982 in Görlitz geboren, ist ausgebildete Grafik-Designerin und studiert momentan Mediengestaltung/Medienkunst als Master an der Bauhaus-Universität Weimar. Durch ihren leidenschaftlich - kritischen Umgang mit Bildern und die bleibende Faszination am Visuellen ist sie stets daran interessiert, neue gestalterische Ausdrucksformen zu finden, die außerhalb des Gewohnten liegen. In ihrer Funktion als Medienpädagogin leitet sie Projekte mit kulturellem Kontext und wirkt bei deren Öffentlichkeitsarbeit mit. Workshops und andere Veranstaltungen intensivieren dabei den Dialog mit den Teilnehmern. Sie sieht ihren Beruf als innovativen Raum für Qualifikation, freien Zugang zur Technologie, Austausch von Wissen, Kunst und Kreativität. Vertiefte wissenschaftliche Kenntnisse im Umgang mit Medien und Medienprodukten sowie mit kulturellen Problemlagen und Fragestellungen verschaffen ihr das nötige Rüstzeug, um mediale Prozesse nicht nur zu verstehen, sondern aktiv an deren Zukunft mitgestalten zu können. Seit 2008 arbeitet Bianka Langnickel als freie Grafik-Designerin, wobei das Beraten von Kunden, die gestalterische Umsetzung von Medienprodukten und das Entwickeln von Konzepten unter technischen und produktionsorientierten Gesichtspunkten zu ihren alltäglichen Aufgabenfeldern gehören. Einen Ausgleich zum Digitalen findet sie im handwerklichen Verarbeiten unterschiedlichster Materialien, wobei es für sie keine Grenzen im Experimentierfeld gibt. Über ein Feedback von kleinen und großen Lesern des Tintenfischs würde sie sich sehr freuen, da dies nicht das letzte Buchprojekt von ihr sein wird und sie sich stets für Anregungen und Ergänzungen ihrer Leser interessiert. Wir dürfen also gespannt sein!

„Es ist oft das Schwerste, die Leichtigkeit zu erreichen. Manche Geschichten sehe ich klar strukturiert vor mir, die brauche ich dann nur noch „auszumalen“. Aber meistens entstehen die Geschichten aus einer Grundidee, die sich beim Schreiben entwickelt. Am Schreibtisch.“

MONIKA EHRHARDT-LAKOMY, geboren in Thüringen, Ballettstudium in Berlin, seit 1981 freie Autorin, schreibt Fernsehfilme, Bühnenwerke und veröffentlichte bisher elf CDs, die bekannteste davon ist „Der Traumzauberbaum“. Allesamt sind sie geliebt wegen der skurrilen und poetischen Geschichten, der hochwertigen Sprachkultur und der großen musikalischen Vielfalt der Lieder (Komponist Reinhard Lakomy). Aktuell 16 Schulbuchverlage verwenden ihre Texte. Viele Kitas und auch Grundschulen tragen die Namen ihrer Geschichten, z. B. Wolkenstein-Grundschule Berlin-Pankow und Traumzauberbaum-Schule in Weißensee / Thür.

Wissenswertes auch unter WWW.TRAUMZAUBERBAUM.DE

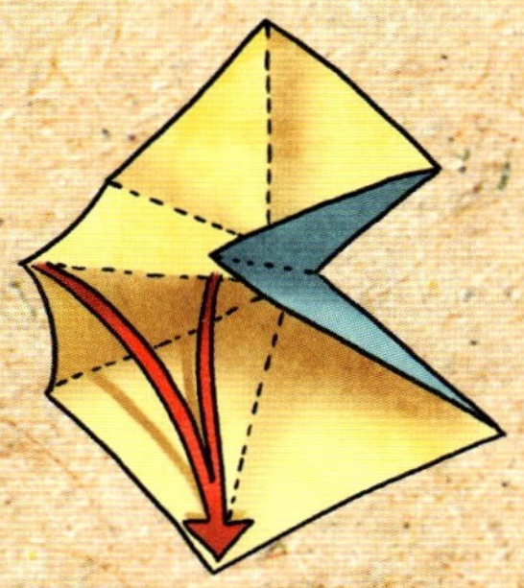

...l durch den
...adrats.

5 Falte dann vertikal durch den Mittelpunkt des Quadrats.

6 Schiebe die Figur an zwei gegenüberliegenden Ecken, die durch eine diagonale Talfalte verbunden sind, zusammen.

7 Lege nun die Figur flach vor dich hin und streiche die Seiten des Quadrats glatt.

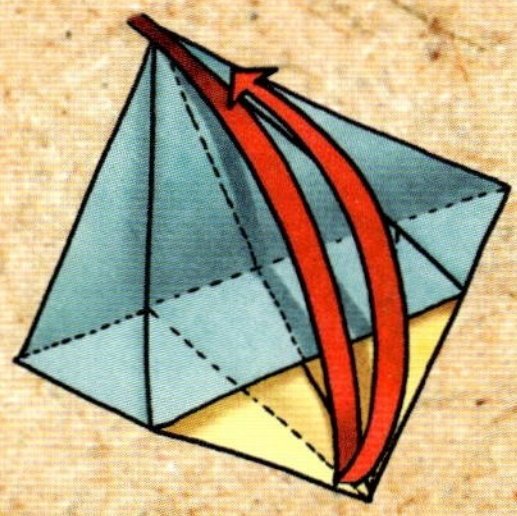

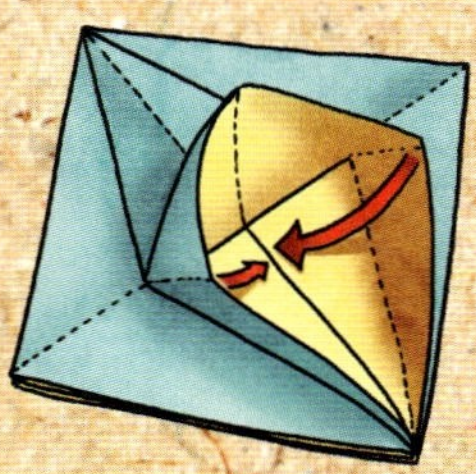

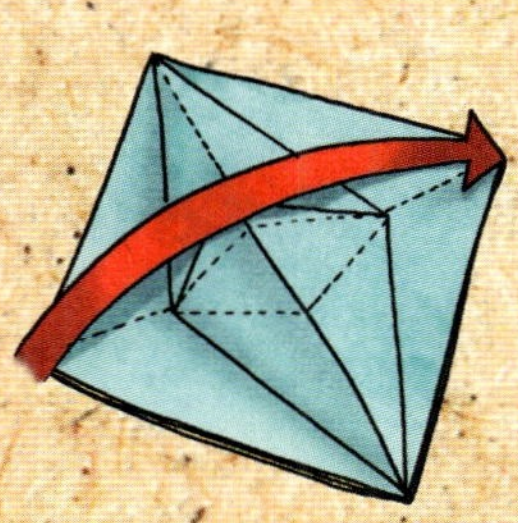

...d die linke
...appe zum
...lte diesen

12 Falte den unteren Teil des Modells diagonal nach oben und entfalte diesen Schritt wieder.

13 Ziehe die Innenseite der Klappe nach oben, sodass sich die seitlichen Kanten zur Mitte hin bewegen. Drücke die Klappe flach.

14 Schlage die linke Klappe nach rechts. Wiederhole danach Schritt 8–13 bei einer weiteren Klappe.

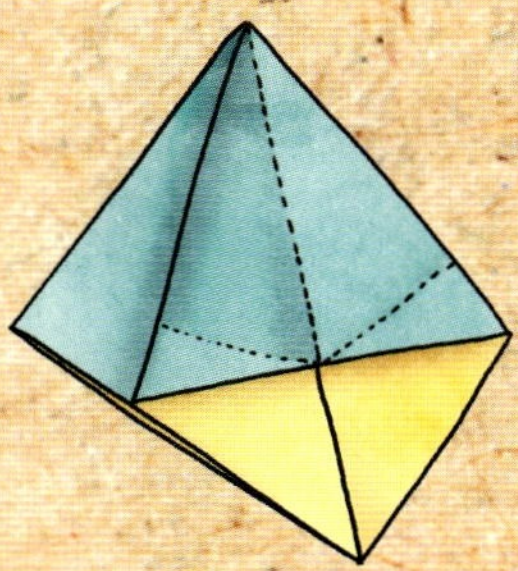

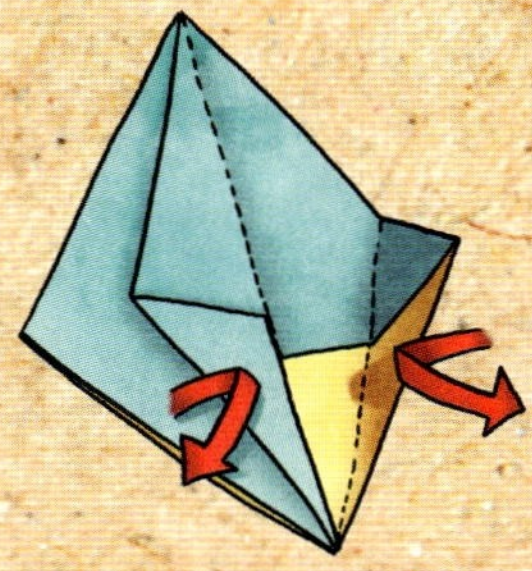

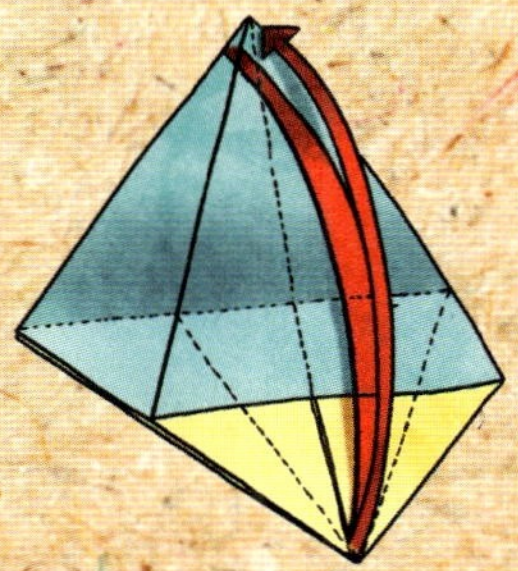

...sich jetzt

19 Drücke die Klappe flach.

20 Falte die rechte und die linke untere Kante der Klappe zur Mittellinie und entfalte diesen Schritt wieder.

21 Falte das Modell diagonal und entfalte es wieder.

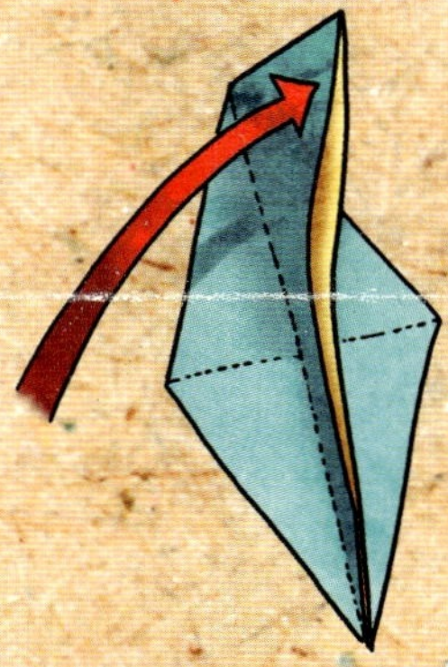

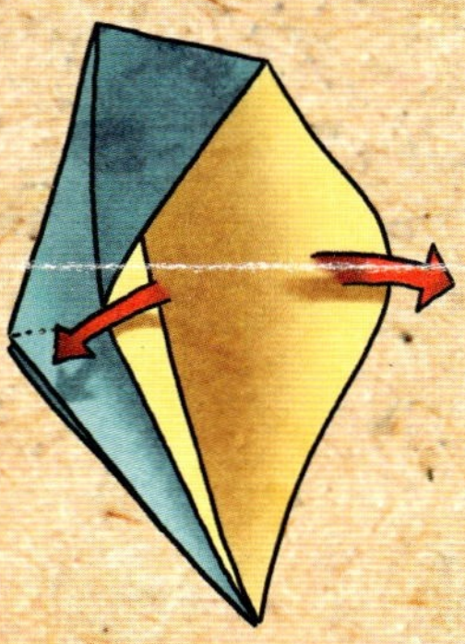

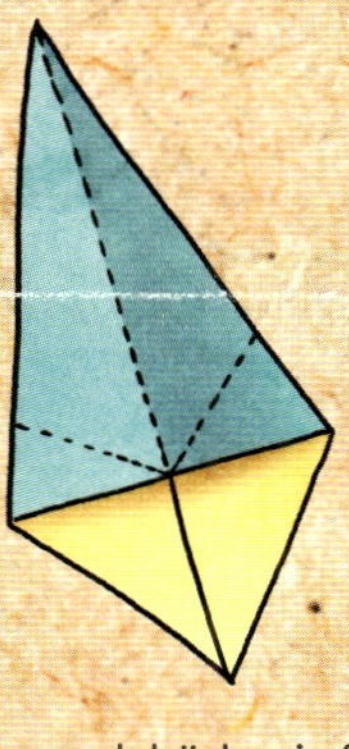

...nach
...ntfalte

26 Die letzte offene Klappe entsteht.

27 Öffne die Klappe ...

28 ... und drücke sie flach.

...ordere
...ber.

33 Falte die rechte und die linke Klappe zur Mitte. Wiederhole diesen Schritt für die anderen drei Klappen.

34 Falte die untere Spitze der vorderen Klappe nach oben.

35 Das ist das Ergebnis des letzten Faltschritts. Wiederhole nun Faltschritt 34 auch mit den anderen drei Klappen.

...rtige Tintenfisch! Wenn
...n noch Augen und Mund
...n möchtest, schau auf der
...ten Klappseite nach!

DER TINTENFISCH

Die Arme wirken natürlicher und den Tentakeln des Tintenfischs ähnlicher, wenn du sie leicht geschwungen machst. Dazu bei dem fertigen Modell die Arme leicht einmal nach links und dann entgegengesetzt nach rechts ausformen. Das Ergebnis sollte eine S-förmige Krümmung haben.

Papiergröße:
30 cm x 30 cm

Der Tintenfisch: Auge und Mund

3 Falte nun die vordere und die hintere Lage im rechten Winkel zur Unterkante und entfalte diesen Schritt wieder.

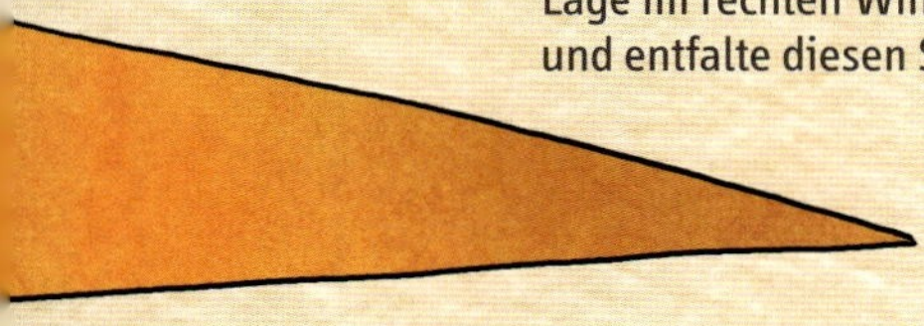

4 Falte den angegebenen Bereich mit Talfalten in 16 Teile. Falte danach die linke untere Ecke beider Klappen auf den Bruch von Faltschritt 3 und entfalte diesen Schritt wieder.

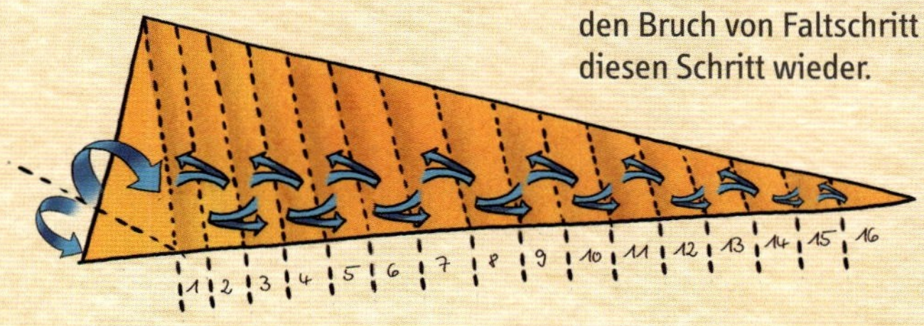

nd der Nautilus ist fertig!

5 Beginne nun von links die ersten 15 der 16 Segmente noch einmal mit einer Talfalte zu halbieren und entfalte diese Schritte wieder.

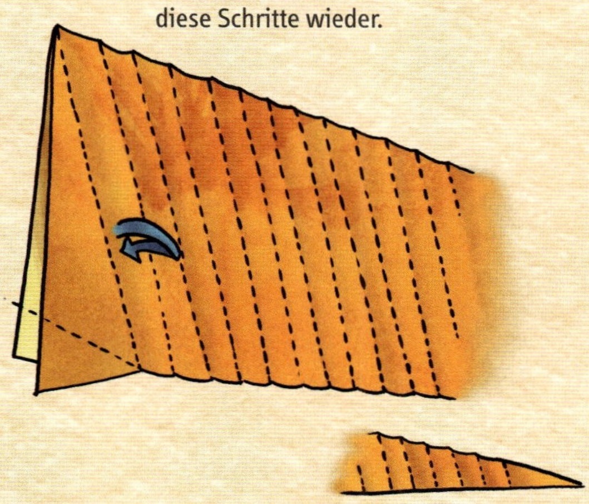

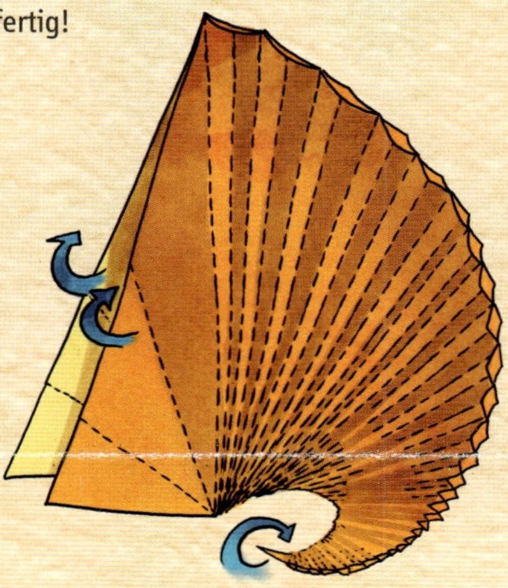

armonika werden
us an der Oberkante
. Dabei wird das
nnere des Nautilus
ie beiden vorderen
ten.

6 Beginne nun von links, die ersten 30 Segmente mit einer Bergfalte zu halbieren und entfalte diese Schritte wieder.

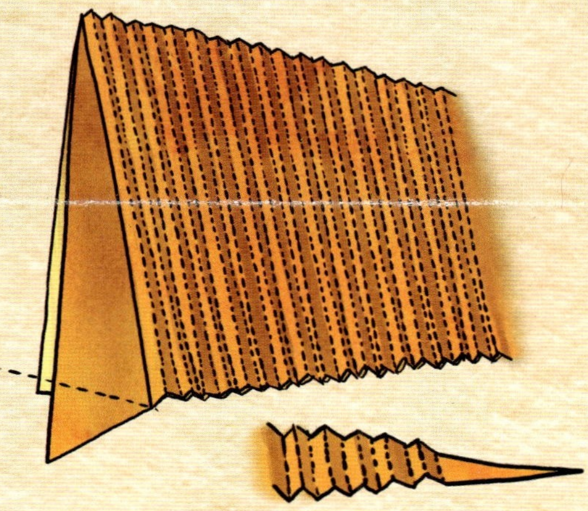

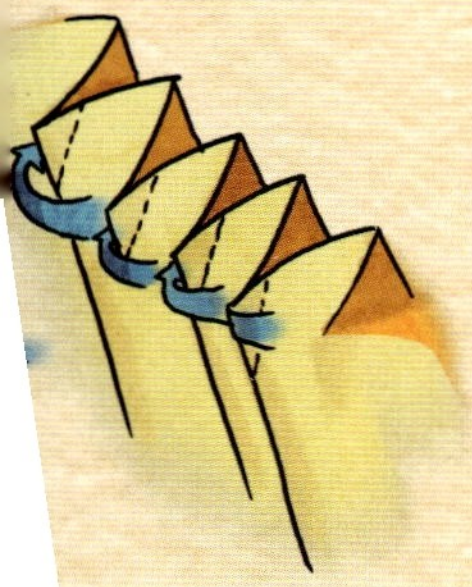

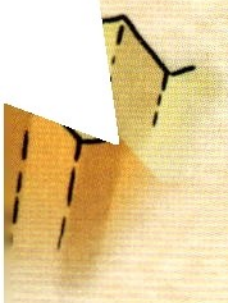

7 Beginne von links und falte 30 Mal in einer Gruppe von jeweils zwei Segmenten die beiden Brüche wie angegeben. Dies dient zur Vorbereitung der Quetschfaltungen von Faltschritt 10.

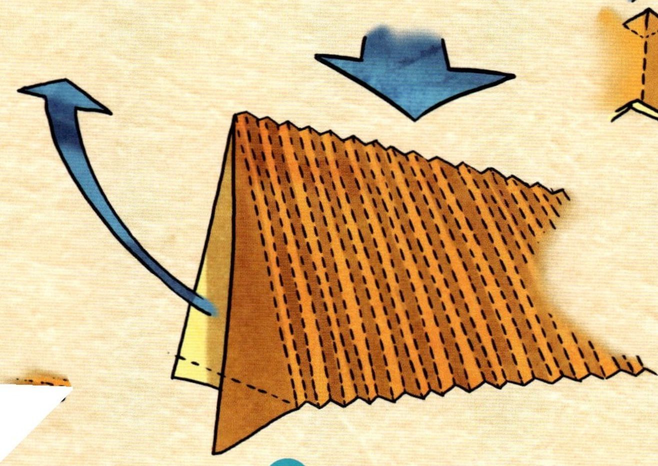

8 Öffne das Modell, indem du die Lagen auseinanderziehst. Drücke es vorsichtig nach unten, sodass es flach vor dir liegt. Die dunkle Seite liegt weiterhin oben.

ur an der oberen Klappe
lten zu Talfalten und alle
Bergfalten um.

Der Tintenfisch: Faltung

doch wieso geh'n lauter Tintenfischelein
mit Schreibpapier ins Haus hinein?

…al durch den
…uadrats.

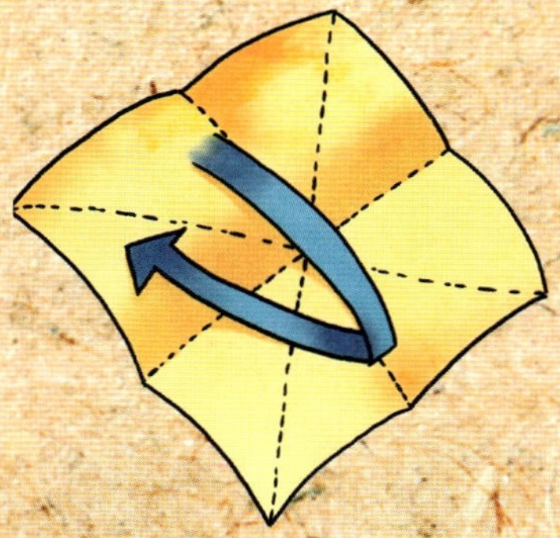

5 Falte dann vertikal durch den Mittelpunkt des Quadrats.

6 Schiebe die Figur an zwei gegenüberliegenden Seiten, die durch einen diagonalen Falz verbunden sind, zusammen.

7 Lege nun die Figur flach vor dich hin und streiche die Seiten des Quadrats glatt.

…linke Klappe

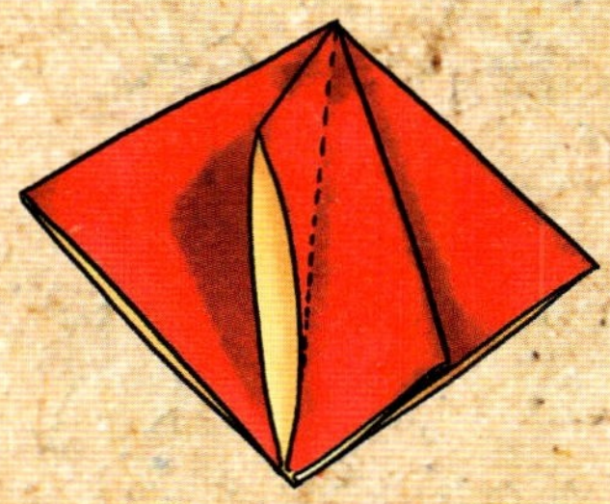

12 Öffne die Klappe ein wenig.

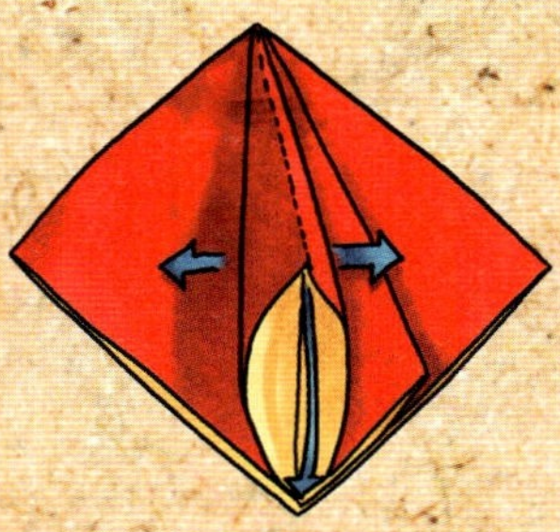

13 Ziehe die linke Seite der geöffneten Klappe wie abgebildet nach links und die rechte nach rechts.

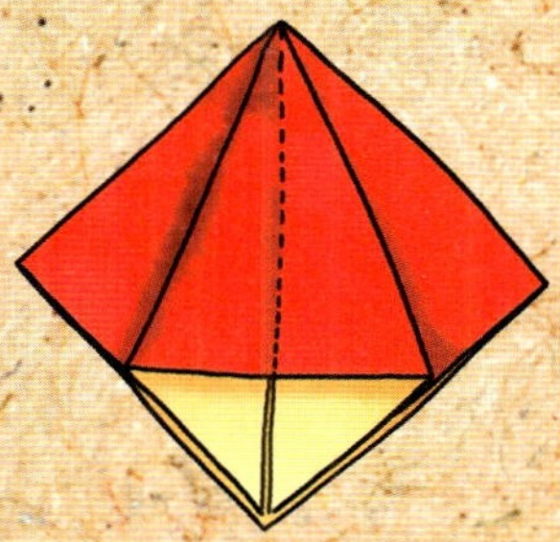

14 Drücke die Klappe flach und schlage die kleine linke Klappe nach rechts über.

…und führe
…ach oben.

19 Öffne die Klappe.

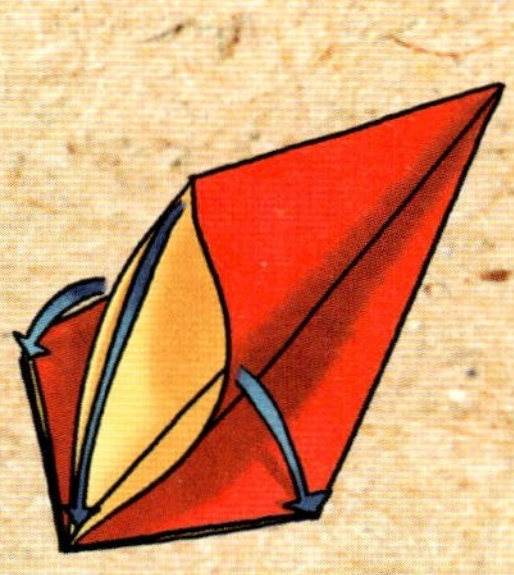

20 Falte die geöffnete Klappe an die angegebenen Punkte.

21 Ordne die Klappen so an, dass sich rechts und links des Mittelfalzes vier Klappen befinden.

…nis von

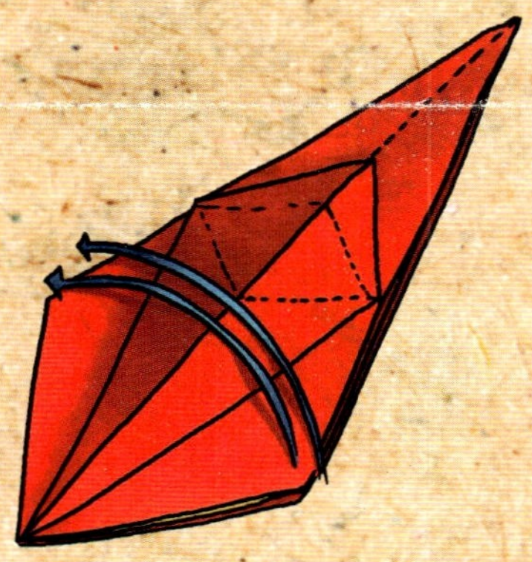

26 Schlage die rechte vordere Klappe und eine weitere nach links über. Wiederhole Schritt 22 bis 25 für diese Klappe und die drei restlichen.

27 Falte die vordere Klappe nach links über.

28 Falte an allen vier Klappen die rechte und die linke äußere Ecke zur Mitte. Das macht die Beine der Krabbe schmaler.

…einenden,
…formen.

33 Die fertige Krabbe!

DIE KRABBE

Für geübte Krabben-Falter: Wenn du das Papier vor dem Falten anfeuchtest und das Modell nass faltest, kannst du es später zwischen zwei schweren Büchern pressen. Mit dem Resultat gehst du dann in den Copyshop und lässt es in Folie einschweißen. Das nennt man laminieren. So entstehen wunderschöne Lesezeichen für dein Lieblingsbuch. Mit dem Locher kannst du ein Loch für eine Kordel machen. Schwuppdiwupp: Schon ist das Lesezeichen fertig! Und noch dazu hast du eine prima Geschenkidee für den nächsten Kindergeburtstag!

Papiergröße:
18 cm x 18 cm

Das Tintenfische-Schreibbüro
hat nun geschlossen,

Ein Haifisch kommt, na was denn,
wer wird denn da gleich wegrenn',
ich hab für ihn ein Päckchen da
mit Zahnbürsten vom Großpapa!

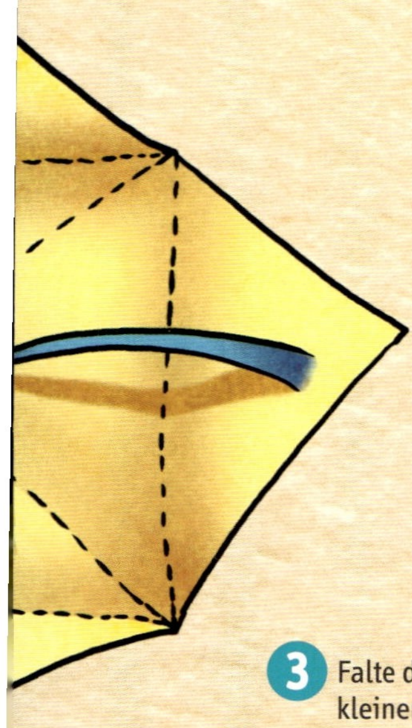

3 Falte die vier Ecken des entstandenen kleineren Quadrats zur Mitte.

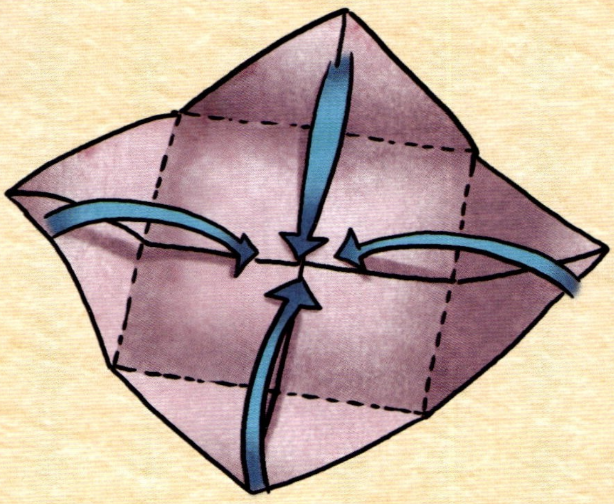

4 Falte die äußeren Ecken des nächsten Quadrats noch einmal zur Mitte.

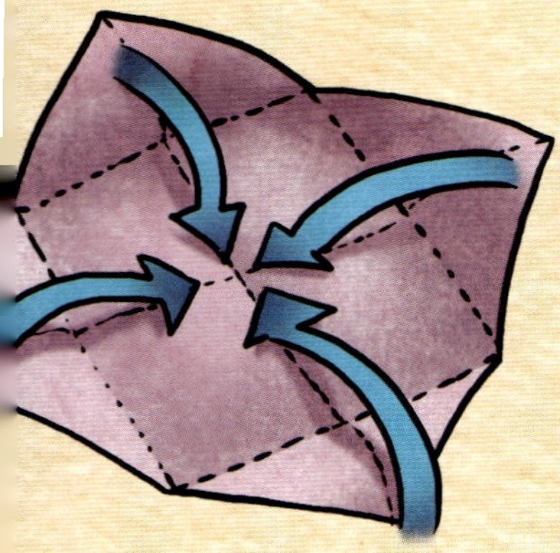

Falte die vier äußeren Spitzen zur Mitte.

6 Wende das Modell.

5 Hier siehst du das Ergebnis von Faltschritt 4.

DIE WASSERLILIE

Hier eignet sich besonders dünnes Papier! Wenn du für dieses Modell anstatt Papier Folie von Plastikbeuteln verwendest, ist das Modell wasserfest und die Wasserlilie kann beim nächsten Schwimmbadbesuch oder zu Hause in der Badewanne ausprobiert werden. Da werden Badeente und Co. aber mächtig staunen!

Papiergröße:
20 cm x 20 cm

15 Und die Blütenpracht wird immer größer.

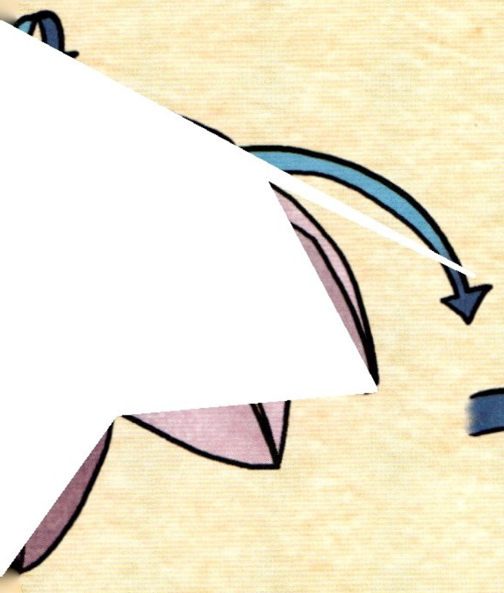

16 Wende das Modell.

17 Die fertige Wasserlilie!

Mittel-

7 Falte die rechte und die linke Seite zur Mitte, sodass die äußeren und inneren Papierkanten aneinanderstoßen.

8 Falte die entstandenen Ecken nach unten.

9 Falte die oberen Spitzen nach unten.

6 Wende das Modell.

10 Wende das Modell.

11 Fertig ist das Herz!

Der Brief

Beim Verzieren des Briefes kannst du dich so richtig mit Glitzer, Kringeln oder Farbstiften austoben. Wenn der Inhalt geheim bleiben soll, kannst du zwischen den beiden Klappen Siegellack aufbringen. Wenn du keinen Siegellack zu Hause hast, tut's auch ein Aufkleber aus dem Stickeralbum, der beim Öffnen zerrissen wird.

Papiergröße:
29,7 cm x 21 cm

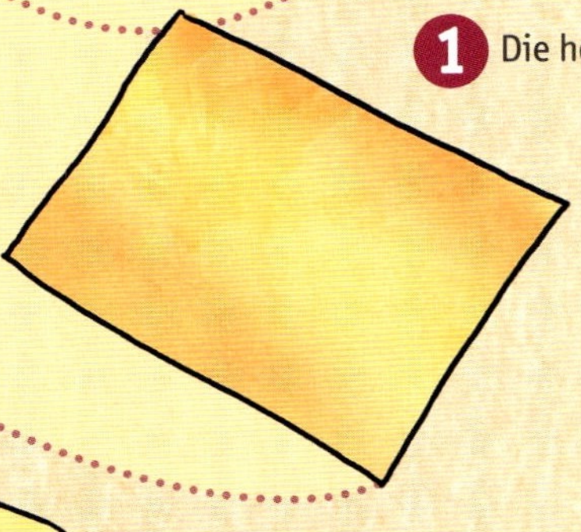

1 Die helle Seite liegt oben.

2 Falte das Blatt in der Mitte und entfalte es wieder.

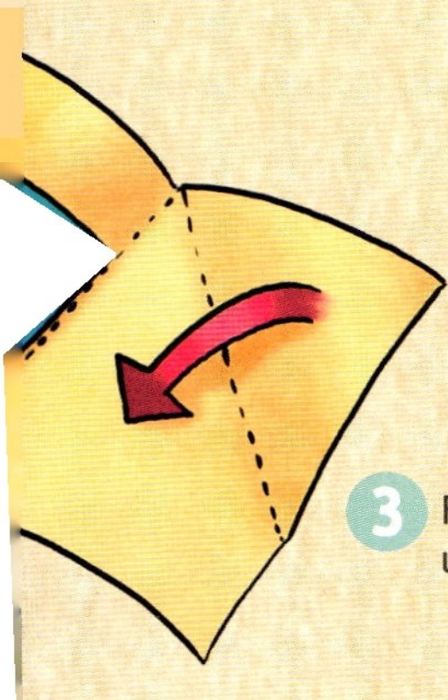

3 Falte die rechte obere und die linke untere Ecke zum Mittelbruch.

Brathering, hör mal, was fällt dir ein,
wer wird so laut um Hilfe schrei'n?

Ein Liebesb…

Sie warten auf der Sandbank
und sind vor Sehnsucht herzkrank.
Sie lieben ihn auch wirklich sehr,
bestimmt kommt er schon morgen her.

9 Der Goldfisch ist fast fertig! Fehlt nur noch das Schwänzchen. Dazu unten an beiden Seiten die Falzkanten ca. 4 cm aufschneiden.

10 Zuerst an der gestrichelten Linie vorfalten und dann einen Gegenbruch falten.

11 Der fertige Goldfisch!

…e an der …gefaltet.

Papiergröße:
12 cm x 12 cm

DER GOLDFISCH

Der Goldfisch ist ein schönes, einfach zu faltendes Modell. Schnell entstehen so viele kleine Fische, aus denen man ein Mobile fürs Kinderzimmer bauen kann. Dazu einfach Nylonfaden an den Fischen fixieren und diese an einer Aufhängung befestigen. Besonders hübsch sieht es aus, wenn du einen echten Ast mit vielen Verzweigungen nimmst, den du beim nächsten Spaziergang besorgen kannst. Wenn der Wind durch das offene Fenster kommt und durch die Fische fegt, sieht es aus, als ob sie sich von den Wellen leicht dahintreiben lassen.

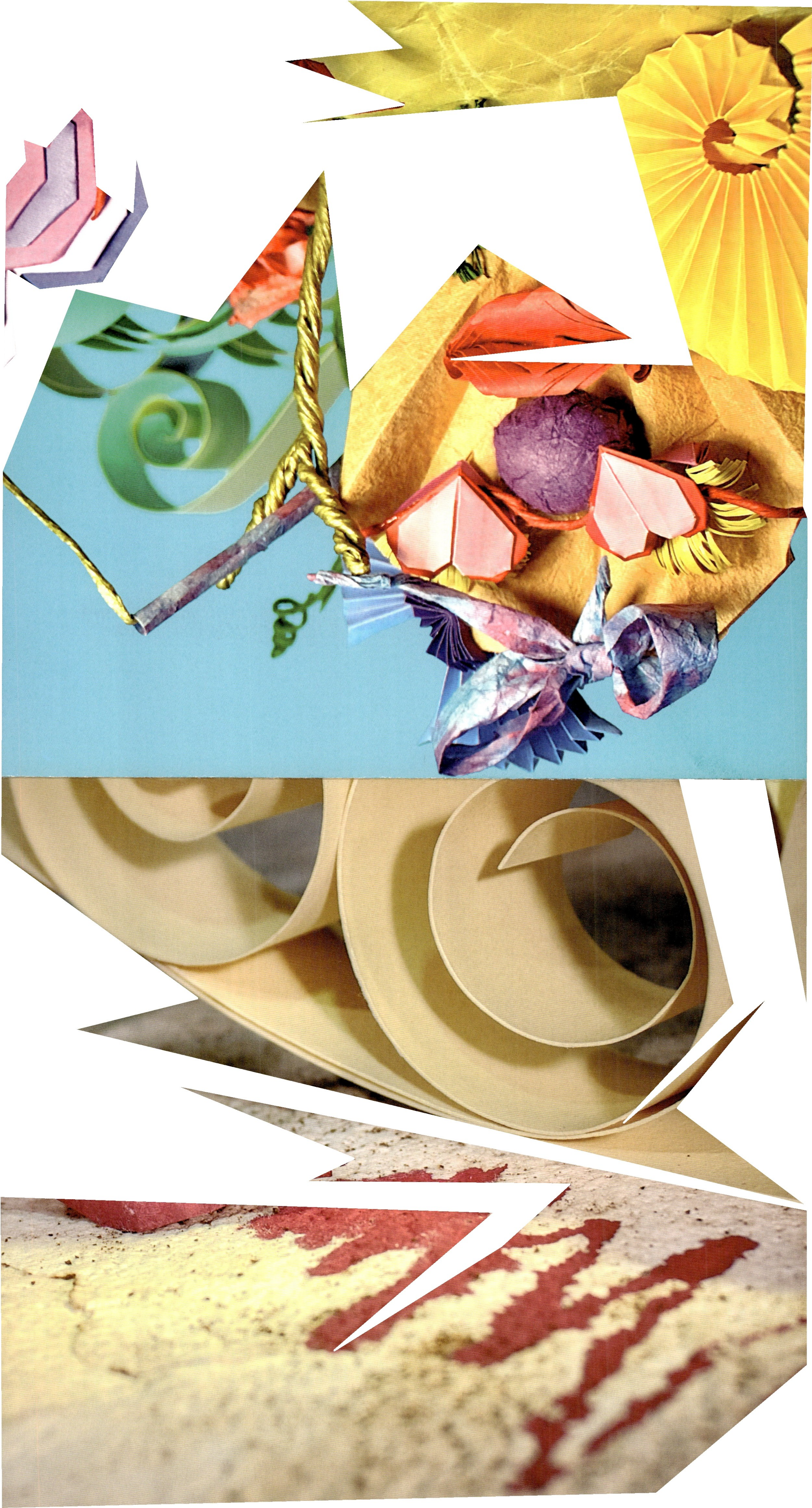

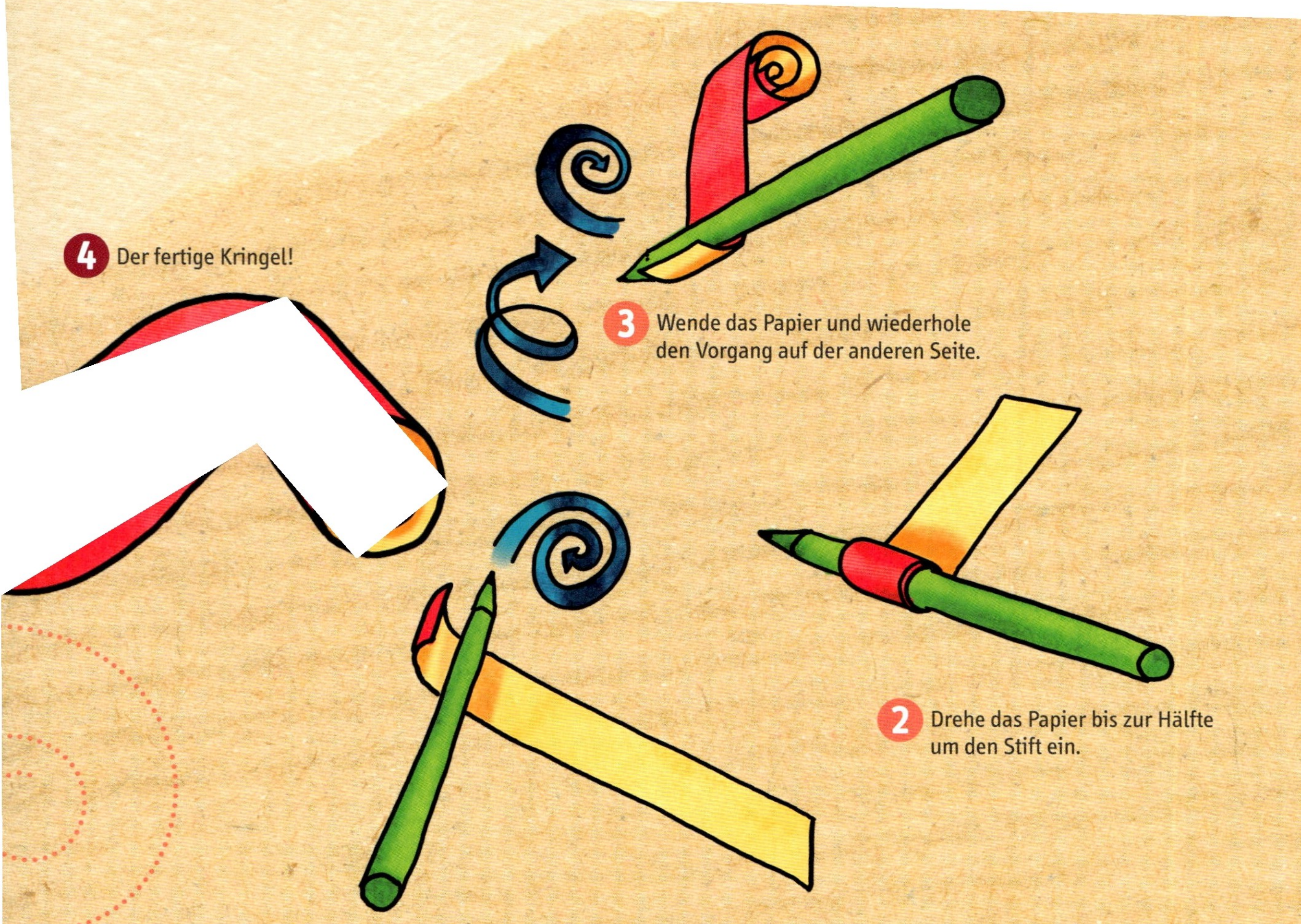

4 Der fertige Kringel!

3 Wende das Papier und wiederhole den Vorgang auf der anderen Seite.

2 Drehe das Papier bis zur Hälfte um den Stift ein.

1 Die helle Seite liegt oben. Lege einen Stift darauf und umwickele diesen mit dem Papier.

KRINGELVARIATIONEN:

DIE FOLGENDEN ZEICHNUNGEN ZEIGEN, WIE DU DEN KRINGEL VARIIEREN KANNST.

Drehe das Papier vollständig um den Stift ein und befestige das Ende mit Klebstoff.

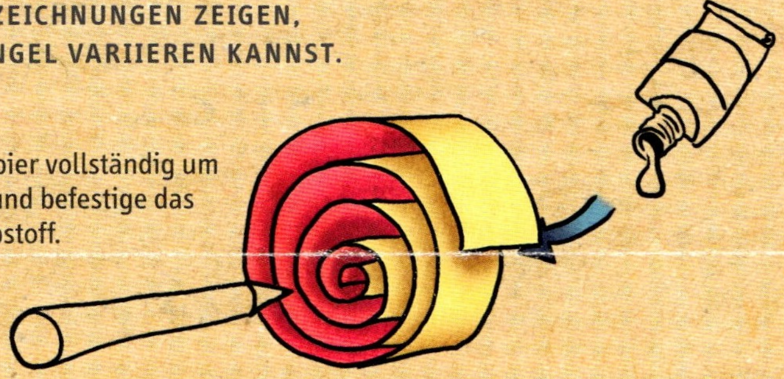

Versuche mal, eine Seite zusammenzudrücken, dann erhältst du eine Tropfenform. Befestige das Ende mit Klebstoff.

Wenn du alle Seiten zusammendrückst, erhältst du eine viereckige Form. Befestige das Ende mit Klebstoff.

zt an beiden Enden festhalten
d die fertige Hexentreppe
seinanderziehen. Geschafft!

Wenn du zwei Seiten zusammendrückst, dann erhältst du eine ovale Form mit zwei spitzen Endpunkten. Befestige das Ende mit Klebstoff.

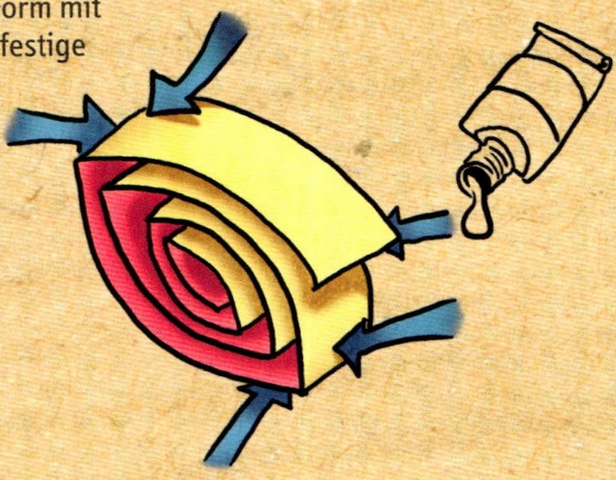

Er schreibt für alle Briefe
aus seiner Meerestiefe,
in seinem Schreibbüro,
das geht dann etwa so:

Er hat im Bauch ein Tintenfass,
das macht sein Schwänzlein tintennass,
und damit schreibt er sehr geschickt,
das ist noch keinem Fisch geglückt.

DAS SEEGRAS

Hierfür eignet sich besonders dünnes Papier, um das Verdrehen der Papierstreifen zu erleichtern. Das Seegras ist außerdem ein wunderbarer Haarersatz für figürliche Modelle wie zum Beispiel den Tintenfisch. Je breitere Papierstreifen du verwendest, desto größer wird der Wuschelkopf!

Papiergröße:
25 cm x 6 cm

1 Falte einen Papierstreifen in der Mitte.

2 Schneide den Streifen am Knick mit der Schere durch und verdrehe die entstandenen Papierstreifen miteinander.

3 Drehe die ineinander verzwirbelten Papierstreifen weiter ein, bis drei Viertel des Modells ineinander verdreht sind.

Was soll entstehen?
Ein Kleeblatt (links geht's weiter) oder das Seegras (rechts lang)?

4 Schneide die Enden mehrmals ein, sodass viele kleine Papierstreifen entstehen.

5 Das fertige Seegras!

4 die beiden Enden
s in der Mitte ein.

öße:
6 cm

Glück
te Ver-
um Ein-
f eine
enken
hon
n.

Ein Tintenfische-Schreibbüro,
das findest du sonst nirgendwo,
nur auf dem Meeresgrunde,
am Tage eine Stunde,
so ist die Öffnungszeit,
dann sitzt er stets bereit.

…WERDEN ALLE MATERIALIEN GEZEIGT, DIE FÜR DAS BASTELN …ODELLE BENÖTIGT WERDEN. DIE GRUNDAUSRÜSTUNG …HT AUS EINEM EINFACHEN BLATT PAPIER. DIE DARGESTELLTEN …MITTEL ERLEICHTERN DAS ARBEITEN AN DEN MODELLEN …ZLICH.

Das FALZBEIN erleichtert das Herstel- …lätten der Knicke (Falze) beim Falten …er und Karton. Wenn man sehr dickes …nutzt, kann man mit dem Falzbein und …eines Lineals den angestrebten Knick …, indem man eine Rille in die Außen- … Papiers drückt. An der entstandenen …n man dann das Papier oder den Karton …nd flachdrücken. Dadurch werden die …es Papiers an der betreffenden Stelle …t und reißen beim Knicken nicht auf, … man sehr präzise Falze setzen kann. … gibt es aus unterschiedlichen Materi- … z. B. Knochen, Holz oder Kunststoff.

Als SCHNEIDEGERÄT für Papier sind Schere und Cutter besonders geeignet. Mit einer spitzen Schere können Schnitte besonders präzise ausgeführt werden. Um Papier quadratisch oder rechteckig zuzuschneiden, gibt es zwei Möglichkeiten: Zum einen mithilfe eines Cutters und einer Schneidematte, die durch vorgegebene Abmessungen Orientierung zum Schneiden bietet, oder durch den Gebrauch eines professionellen Schneidegerätes. Diese sind im Handel schon recht günstig zu erwerben oder stehen notfalls auch beim Copyshop um die Ecke zur Benutzung bereit.

BITTE BEACHTEN SIE, DASS KINDER GRUNDSÄTZLICH NICHT MIT SPITZEN SCHEREN, CUTTERN ODER EINER SCHNEIDEMASCHINE UMGEHEN SOLLTEN, DA VERLETZUNGSGEFAHR BESTEHT!

Im Fachhandel gibt es eine große Auswahl an Kinderscheren, mit denen Kinder problem- und gefahrlos basteln können. Bei der Ausführung muss kein Wert auf Perfektion gelegt werden, da es kleineren Kindern aufgrund ihrer Entwicklungsreife an den motorischen Fähigkeiten mangelt, gezielte Schnitte auszuführen. Der Spaß am Modellebasteln steht im Vordergrund und sollte kleinere Fehler verzeihen.

Die Falteigenschaft von PAPIER macht es universell einsetzbar. Prinzipiell kann man fast jede Form entstehen lassen. Dennoch gibt es Papiere, die sich für komplexe Faltungen besser eignen als andere. Speziell beim Origami sollte man einen genaueren Blick auf die Beschaffenheit der unterschiedlichen Papiersorten werfen. Während bei einigen Papieren die Fasern leichter brechen und diese sich somit nicht für eine optimale Verarbeitung durch Falten eignen, finden wir eine Vielzahl an anderen Papieren, die in ihrer Stärke und Faltbarkeit die optimalen Voraussetzungen für ein schönes Modell mitbringen. Während Farbe und Muster für ästhetische Reize sorgen, ist für die gelungene Auswahl der Papierart vor allem wichtig, wie sich das Papier verhält, wenn es geknickt wird. Probleme ergeben sich hier meist daraus, dass es an empfindlichen oder bereits mehrfach gefalteten Stellen zum Aufreißen der Fasern kommt. Man kann dies aber leicht durch Ausprobieren vor der eigentlichen Modellfaltung feststellen, indem man das Papier einige Male hin- und herfaltet. Erste Übungen sollten mit abgepacktem Origamipapier ausgeführt werden. Dieses ist bereits quadratisch zugeschnitten und garantiert einen schnellen Einstieg. Geeignetes Origamipapier hat ein geringes Gewicht und ist gut faltbar, ohne dass es reißt oder bricht. Bereits abgepacktes Papier ist meist in vielen Größen erhältlich: z. B. 7,5 cm x 7,5 cm und 12 cm x 12 cm. Kleinere Papiergrößen sollten erst verwendet werden, wenn man mit dem Falten des Modells vertraut ist. Für viele Modelle ist es sogar sinnvoll, sich ein noch größeres Papier zurechtzuschneiden, da gerade bei komplexen Modellen durch das Falten eine erhebliche Formatreduzierung stattfindet. Die Modelle in diesem Buch sind größtenteils mit Tonzeichenpapier/karton entstanden, das sich sehr gut verarbeiten lässt und nicht so leicht bricht. Empfehlenswert ist ebenfalls Origami-Standardpapier, Packpapier, Kraftpapier, Transparentpapier, Elefantenhautpapier und für geübte Falter auch Strohseide.

…ENDETEN FALTSYMBOLE ABGEBILDET UND …E SPÄTEREN FALTUNGEN EINZUPRÄGEN.

4 Modell auseinanderziehen.

8 Punkte übereinanderfalten.

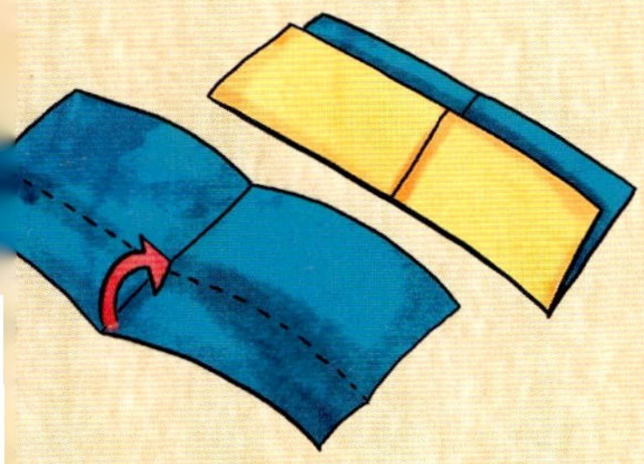

12 Modelle/Papier zerschneiden.

Das FALTEN von Origamimodellen ist gar nicht so schwer, wie es auf den ersten Blick aussieht. Es ist nur schwierig, es ausschließlich mit Worten zu beschreiben. Deshalb gibt es zu jedem Modell Zeichnungen zu den unterschiedlichen Faltschritten. Die Modelle in diesem Buch sind nach dem Schwierigkeitsgrad geordnet: von einfach bis komplex. Dabei kann man sich an den kleinen Tintenfischpiktogrammen unten rechts orientieren. Um die Illustration der einzelnen Schritte bei den Faltungen der Modelle möglichst deutlich zu machen, wird in der Faltanleitung beim Papier von einer hellen und einer dunklen Seite gesprochen. Du kannst die Modelle aber auch mit einfarbigem Papier basteln.

Die SCHEMATISCHEN FALTSYMBOLE werden von uns sprachunabhängig verstanden. Das funktioniert auch international und so können Origamibegeisterte sich weltweit untereinander austauschen und vernetzen. Dabei können wunderbare Freundschaften entstehen. Mit den links abgebildeten Faltsymbolen können alle in diesem Buch erklärten Modelle nachgearbeitet werden. Grundsätzlich ist zu beachten, dass die Zeichnungen nicht maßstäblich dargestellt sind. Wenn das Modell also im Laufe des Faltens kleiner wird, werden die Zeichnungen trotzdem größer, damit die Faltungen besser zu erkennen sind.

13 Modell kleben.

14 Modell mit dem Stift eindrehen.

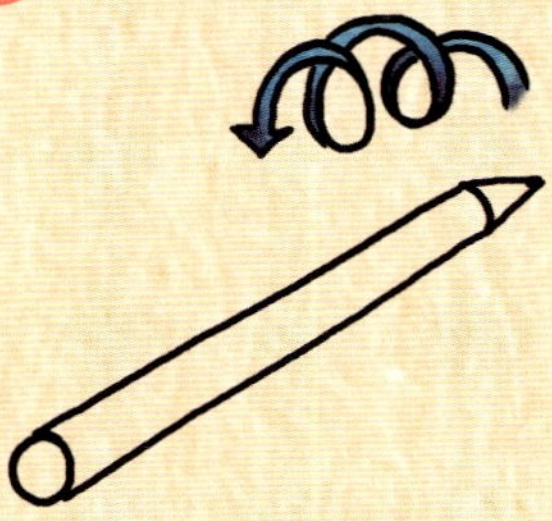

15 Modell aufblasen.

Die kleinen Dinge des Alltags …

… und die Faszination an spontanen kindlichen Reizen sind es, die uns Freude schenken und unser Leben bereichern. Jeden Augenblick, in dem man versäumt, auf die winzigen Details zu achten, verschenkt man einen Einblick in die Welt unserer Kinder. In eine Welt voller Formen, Farben und Geräusche, in eine Welt, in der Beobachten eine wesentliche Rolle spielt, und vor allem – in eine Welt der Fantasie. Kinder benötigen kein überteuertes Spielzeug, welches allzu oft sowieso in der Ecke landet. Viel anziehender und fesselnder sind für sie Beschäftigungen, die ihrer Kreativität Raum lassen.

DER TINTENFISCH zeigt, wie viel Energie und Zauber in einem einzigen Stück Papier stecken kann, wenn es einmal gefaltet ist und sich zu einer Figur verwandelt hat. Die in die Geschichte des Tintenfischs integrierten Faltanleitungen steigern die Erlebnisqualität des Vorlesens durch den Erwachsenen und bieten dem Kind die Möglichkeit, alle Sinne zu erforschen. Sie sind Motivationsträger zur Bildung durch Selbstbildung, da die Anknüpfung an die Figur und die Geschichte umso höher ist, wenn die Figur selbst angefertigt wurde. Unsere Kleinsten werden befähigt, ihrer Fantasie Formen zu verleihen. Sie erschaffen Papierwelten, kreieren Dinge und erfinden sich so ihren eigenen Spielraum. Dabei ist zu beachten, dass Faltformen nie eine naturgetreue Abbildung unserer Umwelt sind, sondern stets Nachbildungen mit mehr oder weniger starker Umformung. Das Herausarbeiten einer Form fordert dem Kind ein geschicktes Umgehen mit dem Medium ab und steigert die Vorstellungskraft. Papierfalten hat somit einen hohen erzieherischen Wert. Es vermag dem Kind die Augen zu öffnen für die Zweckmäßigkeit und die Schönheit der Dinge in unserer Umwelt. Kinder bekommen so einen Eindruck davon, wie Flächen geteilt werden und was Teilung von Winkeln bewirkt. Spielerisch lernen sie den Einsatz von Geometrie und Ästhetik.

Auch beim ORIGAMI bilden Geometrie und Ästhetik, Gefühl und Verstand eine vollkommene Einheit. Beim Origami ist das Papier selbst das Medium zum künstlerischen Ausdruck. Gefragt sind hier im Besonderen die motorischen Fähigkeiten. Beim Falten kann das Kind gezielt Handhabung und Formgebung steuern. Als gattungsüberschreitendes Produkt zwischen Geschichten- und Origamibastelbuch leistet der Tintenfisch einen Beitrag zur literarischen Frühbildung und ermöglicht eine Kommunikation der Generationen untereinander durch gemeinsames Basteln und Vorlesen. Nun wünsche ich Ihnen und Ihren Kleinen viele fröhliche Stunden. Tauchen Sie gemeinsam ein in das kunterbunte Getümmel der folgenden Seiten und lassen Sie sich anstecken von der Schönheit der hier gezeigten Unterwasserwelt!

Ihre Bianka Langwieder

Die Faltanleitungen sind nach Schwierigkeitsgrad geordnet: von einfach über mittel bis komplex

HIER SIND DIE IN DEN FALTANLEITUNGEN V
BESCHRIEBEN. ES IST SINNVOLL, SIE SICH F

1 Helle Seite.

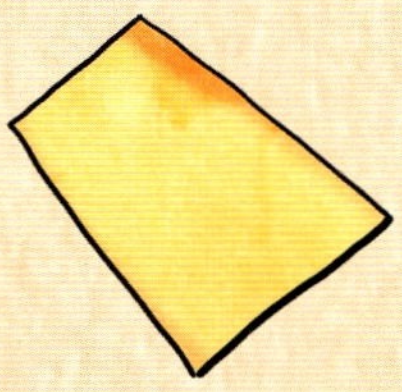

2 Dunkle Seite.

3 Modell umdrehen.

5 Talfalte (nach vorn falten).

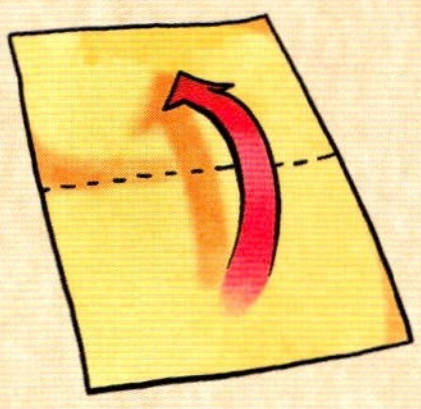

6 Bergfalte (nach hinten falten).

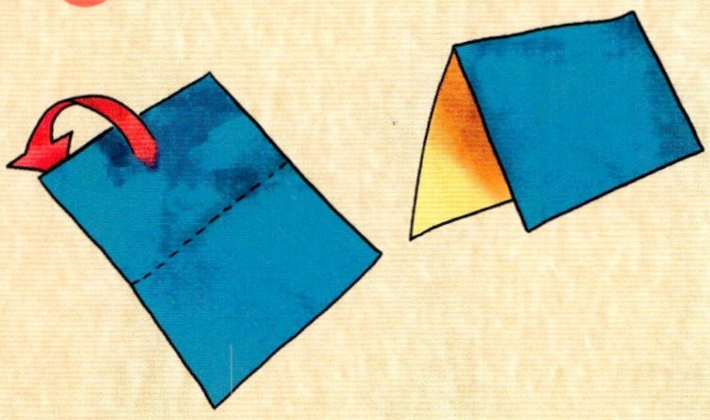

7 Falten und wieder entfalten.

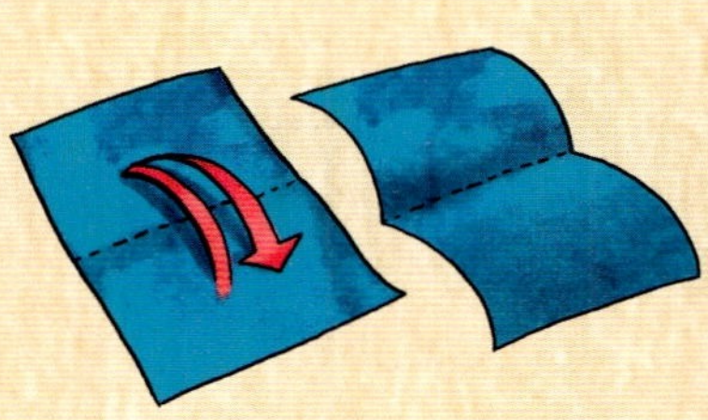

9 Eine Ebene unter die andere schieben.

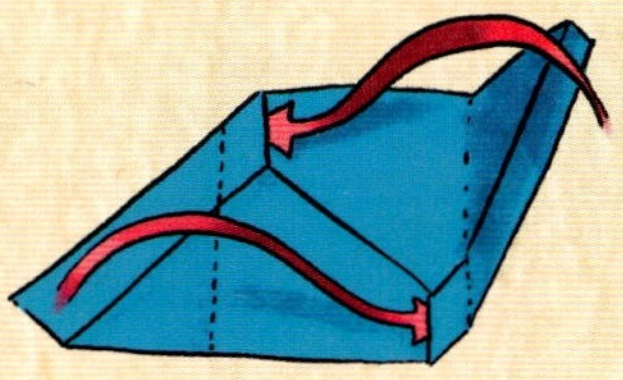

10 Gegenbruch falten.

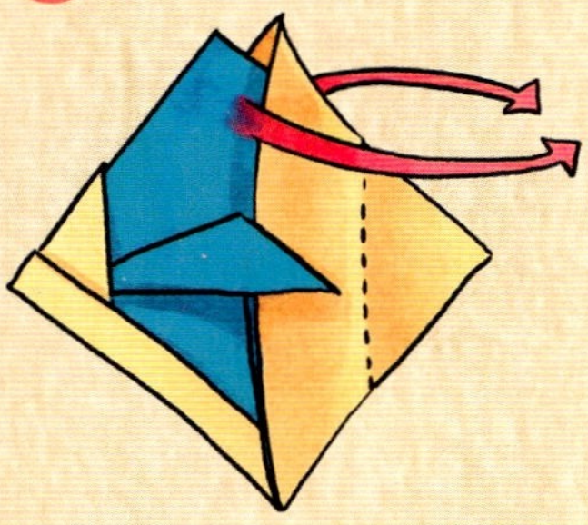

11 Modell zusammenschieben.

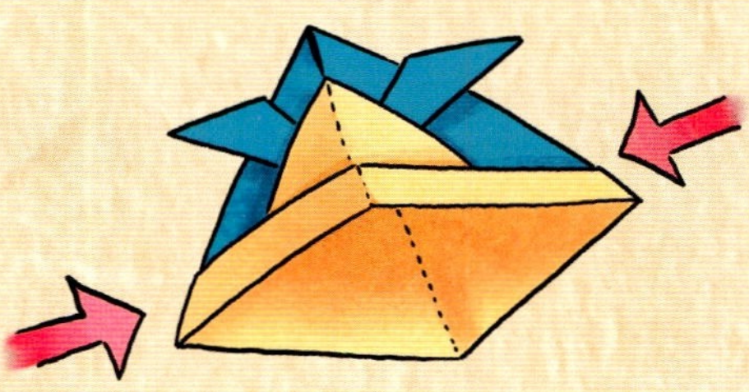

TOPP – Unsere Servicegarantie

WIR SIND FÜR SIE DA! Bei Fragen zu unserem umfangreichen Programm oder Anregungen freuen wir uns über Ihren Anruf oder Ihre Post. Loben Sie uns, aber scheuen Sie sich auch nicht, Ihre Kritik mitzuteilen – sie hilft uns, ständig besser zu werden.

Bei Fragen zu einzelnen Materialien oder Techniken wenden Sie sich bitte an unseren Kreativservice, Frau Erika Noll.

mail@kreativ-service.info
Telefon 0 50 52 / 91 18 58

Das Produktmanagement erreichen Sie unter:

pm@frechverlag.de
oder:
frechverlag
Produktmanagement
Turbinenstraße 7
70499 Stuttgart
Telefon 07 11 / 8 30 86 68

LERNEN SIE UNS BESSER KENNEN! Fragen Sie Ihren Hobbyfach- oder Buchhändler nach unserem kostenlosen Kreativmagazin **Meine kreative Welt**. Darin entdecken Sie vierteljährlich die neuesten Kreativtrends und interessantesten Buchneuheiten.

Oder besuchen Sie uns im Internet! Unter **www.frechverlag.de** können Sie sich über unser umfangreiches Buchprogramm informieren, unsere Autoren kennenlernen sowie aktuelle Highlights und neue Kreativtechniken entdecken, kurz – die ganze Welt der Kreativität.

Kreativ immer up to date sind Sie mit unserem monatlichen **Newsletter** mit den aktuellsten News aus dem frechverlag, Gratis-Bastelanleitungen und attraktiven Gewinnspielen.

IMPRESSUM

ILLUSTRATION, FOTOS, TEXT, GRAFISCHE GESTALTUNG & UMSETZUNG:
Bianka Langnickel

TEXT-GESCHICHTE:
Monika Ehrhardt-Lakomy
Geschichtenlieder-CD:
Der Regentropfen Paule Platsch
(Lied: Der Tintenfisch)
von Reinhard Lakomy und Monika Ehrhardt-Lakomy

FALTANLEITUNG NAUTILUS:
Jens-Helge Dahmen

FALTANLEITUNG HERZ:
Francis Ow

ILLUSTRATION FALTANLEITUNGEN:
Jann Kerntke & Joëlle Tourlonias

LEITUNG PRODUKTMANAGEMENT:
Bernhard Auge

PRODUKTMANAGEMENT, LEKTORAT:
Katrin Hartmann

DRUCK:
Gruppo Editoriale ZANARDI s.r.l.

Auflage: 5. 4. 3. 2. 1.
Jahr: 2014 2013 2012 2011 2010 [Letzte Zahlen maßgebend]

ISBN 978-3-7724-5727-2 • Best.-Nr. 5727

DIE AUTORIN BEDANKT SICH BEI DEN FIRMEN NEENAH LAHNSTEIN, DDH UND NANOFORM FÜR DIE BEREITSTELLUNG VON MATERIALIEN. EIN GROSSER DANK GEHT EBENFALLS AN ARIANE SCHREITER, JENS-HELGE DAHMEN, THOMAS GNAHM, TINA MACHLEB UND PROF. WOLFGANG KISSEL FÜR IHRE FREUNDLICHE UNTERSTÜTZUNG!

Kannst du das Kleeblatt finden?